Rainald Bierstedt
Wir gehen shoppen
Eine „Englisch-Gehhilfe" in Bezug auf Shopping-Begriffe

Rainald Bierstedt

Wir
gehen shoppen

Eine „Englisch-Gehhilfe"
in Bezug auf Shopping-Begriffe

Bibliografische Information der Deutschen Nationalbibliothek:
Die Deutsche Nationalbibliothek verzeichnet diese Publikation in der
Deutschen Nationalbibliografie; detaillierte bibliografische Daten sind
im Internet über http://dnb.d-nb.de abrufbar.

Herstellung und Verlag:
BoD – Books on Demand, Norderstedt

ISBN 978-3-7528-3361-4

Inhalt

Vorwort

Gehen wir also shoppen! Und, brauchen Sie eine „Gehhilfe"? Okay, ich stelle mich als Gehilfe zur Verfügung. Keine Bange, ich bin kein verdeckter Vertreter und auch kein heimlicher Finanzberater. Es geht schlichtweg um ein bisschen mehr Durchblick oder Klarsicht im Umgang mit Begriffen beim Einkaufen.

Obwohl ich mich einigermaßen mit der englischen Sprache auskenne, bin ich manchmal sprachlos, was man da so beim Einkaufen zu lesen und zu hören bekommt. Zum einen wird unsere Muttersprache oft ohne triftigen Grund verdrängt. Nun gut, Basecap muss man nicht unbedingt übersetzen und jeans (engl.) sind gleich Jeans (dt.). Bliebe es bei solchen Ausnahmen, wäre alles ein bisschen einfacher für uns Kunden. Aber leider gibt es so viele andere Produktbezeichnungen, die besonders ältere Käufer verwirren. Denn oft ist es kein reines Englisch, sondern ein Wortgemisch. Einige ausgewählte Beispiele im Textteil sollen das belegen, gepaart mit einigen Tipps zum Gebrauch der englischen Sprache. In der Hoffnung, dass ich so zur Aufhellung etwas beitragen kann.

Der Autor

1.
Oh je, diese Wörter-Mixtur

Neben dem Deutschen (Dt) besteht der Wörter-Mix mindesten aus 4 weiteren Sprachen bzw. Sprachvariationen:

Dieser Mix besteht aus:

Dt

BE

AE

DE

SE

Nachfolgend ausführlich dazu.

BE = Britisches Englisch

Anglizismen

Beispiele:

>> Jeans

>> Shorts

>> Laptop

>> Computer

Viele Wörter aus dem klassischen Englisch (BE) haben wir inzwischen überbernommen, sind in unserem Alltag angekommen. Die o.g. Wörter sind einige Beispiele dafür. Wir übersetzten sie nicht und verstehen dennoch den Sinn. Das ist okay so.

AE = Amerikanisches Englisch

Beispiele:

>> Center
(BE = centre)

>> dance (däns)
(BE da:ns)

>> corn = Mais
(BE = Korn)
Mais auf BE = maize

Unterschiede zwischen AE und BE werden oft nicht wahrgenommen bzw. unterschätzt. Diese bestehen z.B. in der Aussprache, im Wortschatz, in der Rechtschreibung und der Grammatik. Dennoch ist eine gegenseitige Verständigung in den meisten Fällen gegeben. Siehe oben.

DE = Denglisch

Beispiele:

>> citytauglich

>> zum Nachstylen

>> shoppen gehen

>> Basic Hosen

und, und, und ...

Denglisch ist ein Wort-Gemisch aus Deutsch und Englisch. Hier werden beide Sprachen vermischt.

Die meisten dieser Wörter findet man weder im Duden noch im Englischwörterbuch.

SE = Schein-Englisch

Beispiele:

>> Handy

>> Dressman

>> 25 must Haves

und, und, und ...

Wie so oft: auch hier trügt der Schein.
Bestes Beispiel: Wir telefonieren mit dem Handy.
Klingt englisch, ist es auch. Nur bedeutet „handy"
im Englischen *handlich*, ist also ein Adjektiv und
kein Substantiv. Und schon gar nicht ein Telefon.
Dieses heißt in BE: **mobile phone.** Auch der Begriff
Dressman kann irritieren, denn er kann auch als
Travestit interpretiert werden. Die korrekte
englische Bezeichnung lautet **male model.**
Schließlich: von **have** gibt es gar keinen Plural!

2.
Shopping-Wörter,
die Aufmerksamkeit wecken sollen

Bevor wie losgehen, hier nur noch einige Shopping-Wörter, die uns fast täglich i.o.g. Sprachmix begegnen, ohne Kommentar, kurz und bündig:

* Shoppingwelt
* Shoppingspaß
* Shopping-Trip
* Shopping-Tour

* Pre-Shopping *(Vorverkauf)*

* Looks zum Nachshoppen

* Unsere Lieblingslooks für dich
* Get the Look. *(Holen Sie sich den Look.)*

* Style des Tages
* Deal des Tages
     (deal = Schnäppchen; Geschäft, Handel)

* National Lipstick Day *(lipstick = Lippenstift)*

* SALE = *Verkauf, Abverkauf, Schlussverkauf*

     Baby- Sale
     Mode- Sale
     Modellbahn- Sale
     Spielzeug- Sale
     Summer Sale
     Winter Sale
     Spring Sale *(Frühjahrsangebot)*
     Autumn Sale *(Herbstverkauf/Aktion)*

* Die Highlights der Saison

* Hello new season!

* Preview Spring
     (Vorschau/Ausblick auf das Frühjahrsangebot)

* Arrivals Spring *(Frühlingswareneingänge)*

* Liefer-Flat *(Lieferpauschale)*

* PAYBACK-Karte
     *(Kundenbonusprogramm, Punkte sammeln
     und einlösen)*

* Jetzt shoppen

Soweit einige einleitende Bemerkungen.
Nun können wir shoppen gehen.
We can go shopping now.

3.
Schon im Eingangsbereich
geht's los mit ...

Support-Desk

Wir erinnern uns:

to support = unterstützen, fördern, helfen,
              befürworten

desk = Tisch, Schreibtisch, Pult, Schalter

Typisch englisch:

* ein Wort hat in der Regel mehrere
  Bedeutungen

* auf den Kontext kommt es daher an

Daraus folgt:

Support-Desk = Info-Stand,

                Kundendienst-Schalter

Weiter geht's.

Kundenlounge

Smokers Lounge

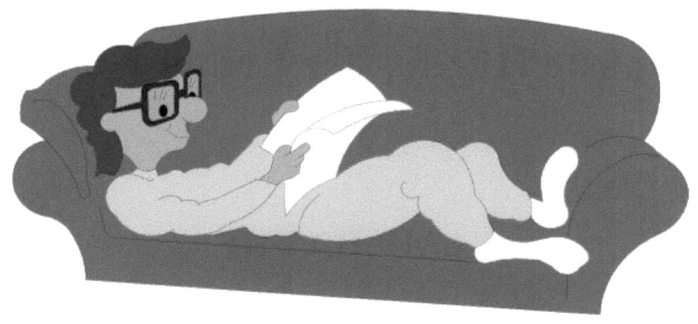

to lounge = faulenzen

the lounge = Wohnzimmer, Foyer, Salon,
             Gesellschaftsraum, Aufenthaltsraum
             sowie: Sofa, Ruhebett

Typisch englisch ....
In unserem Fall:

Kundenlounge = Gesellschaftsraum bzw.
                  Aufenthaltsraum für
                  Kunden des Kaufhauses

BE: Kunde = customer,
        a lounge for customer

Smokers Lounge = Raucherzimmer

4.
Nächste Hürde: der Laden-Name

CAMP DAVID

Okay, beginnen wir wieder mit dem Auffrischen unserer Englischvokabeln und suchen eine Verbindung zum Einkauf.

Was hieß nochmal *camp*? Wie so oft, existieren auch hier 3 Wortarten:

➤ Adjektiv:
   geschmacklos, tuntig, theatralisch, gekünstelt, tuntenhaft, schwul, aufgedonnert
   ** ich glaube, hiervon passt nix.

➤ Verb: to camp
   zelten, campen, lagern, kampieren
   ** vielleicht zelten?

➤ Substantiv:
   Lager, Feldlager, Zeltlager, Zeltstadt, Camp
   ** Hm???

Aber: **Camp David** – war da nicht mal was?

Ach ja, **Camp David** war und ist Erholungsanlage der US-Präsidenten, im Bundesstaat Maryland gelegen.

Aber was hat das mit Shoppen zu tun?
Eigentlich nichts.

Über unseren englischen Wortschatz kommen wir dem Rätsel auch nicht näher.

Nun gut, klären wir es auf:
Die Berliner Brüder Finkbeiner gründeten 1994 die CLINTON Großhandels-GmbH,
ein Mode-Unternehmen.

Die Berliner waren von dem damaligen Präsidenten Bill Clinton und seiner Politik so begeistert, dass sie ihr Unternehmen nach ihm benannten.

Clinton weilte oft im Camp David, so lag es für die Berliner nahe, ihre Geschäftsmarke nach diesem Camp zu bezeichnen.

Und für welche Mode steht nun CAMP DAVID?

Alles klar:
Für hochwertige
Menswear-Kollektionen, für Herrenmode.

Wir gehen weiter.
SOCCX

Zunächst wieder ein Blick ins Englisch-Wörterbuch. Ergebnis: keinen Eintrag für soccx gefunden! Nur etwas Ähnliches: SOCCER (AE) = Fußball(spiel). Ein Fußball-Shop etwa? Sieht nicht so aus. Okay, helfen wir nach.

Es handelt sich hier, wenn man so will, um Teil 2 der Finkbeiner-Initiative. Diesmal ging es um Damenmode. Aber wieso soccx???? Ganz einfach: Wie schon erwähnt, die Finkbeiners waren große Bewunderer von Bill Clinton. Und dieser Bewunderung gaben sie erneut Ausdruck, indem sie wieder einen Begriff wählten, der mit den Clintons zusammenhing. Und das war SOCKS. So hieß die *Hauskatze* der Familie Clinton, als Jungtier von Clinton-Tochter Chelsea gefunden und von der ganzen Familie als Haustier liebevoll aufgenommen. Aufgrund der weißen Pfoten bei ansonsten fast vollständig schwarzem Fell nannten sie das Tier „Socks" = engl. Socken, Strümpfe.

Daraus entstand der Markenname SOCCX, sicherlich um klar zu machen, dass es hier nicht um Socken geht, sondern um völlig anderes, um ...

hochwertige Damen-Mode:
SOCCX – The Women's Brand

SIDESTEP

Was kann man aus diesem Wort ableiten?
Schaun mer mal.
Der Begriff setzt sich aus 2 Wörtern zusammen:
- ➤ side = Seite oder Neben-
- ➤ to step = treten, schreiten,
  bzw. a step = Schritt, Tritt, Stufe

Es wird sportlich:
- ➤ a sidestep:
  Ausweichmanöver oder Ausfallschritt
- ➤ to sidestep:
  dribbeln, einen Haken schlagen,

Und in welcher Sportart dribbelt man so gerne?
Und was braucht man außer einen Ball dazu?
Genau: **Sportschuhe, Freizeitschuhe**

Im Laden SIDESTEP gibt es demnach
Schuhe aus den Bereichen Freizeit
und Lifestyle.

MISS SOAPY

Der Begriff erschließt sich wieder nicht auf den ersten Blick.

Ist es vielleicht ein Druckfehler und muss es
     Miss **Sophie** heißen?
Die kennt man doch!
Aus Dinner for One!

Nein, weit gefehlt!

Zum Begriff:
- ➢ soap = Seife
- ➢ to soap = einseifen
- ➢ *soapy = seifig,*
        auch: rührselig (like a soap opera)

Im Shop bei Miss Soapy erhält man
organische Kosmetik.

Das Rätselraten geht weiter:

HAPPINESS STATION

Was wird es wohl hier geben?
> ➤ happiness = Glück, Zufriedenheit,
>   Fröhlichkeit

> ➤ station = Bahnhof, Haltestelle, Station,
>   Haltepunkt

Gemeint ist: **Ice cream**

Denn: Eis macht glücklich und zufrieden!

Diese Glücksstation ist also ein Eisstand

COOK*mal!*

Das liest sich wie eine Aufforderung bzw. wie ein Vorschlag!

Im ersten Moment geht einem das durch den Kopf: Schau mal rein! Guck mal rein!

Doch nach näherem Hinsehen: Der Vorschlag richtet sich bestimmt an jene, die Fertiggerichte bevorzugen und endlich mal (wieder) kochen sollten!

> to cook = kochen
> the cook = der Koch/die Köchin

Cookmal-Shop – ein Spezialist für Küchenartikel und Kundenberatung.

FAST FORWARD

Als erstes fällt einem da Fast Food ein. Aber das ist es sicherlich nicht. Also wieder die Fantasie spielen lassen.

Zunächst zur Wortbedeutung:

> ➤ fast = schnell
> ➤ forward = vorwärts bzw. voran

Es dreht sich demnach um ein schnelles Vorankommen. Da gibt es erneut wieder mehrere Überlegungen:

Zum einen, „Fast Forward" war bis 2005 eine Fernsehsendung, die sich auf Musik abseits der Mainstreampfade spezialisiert hatte. Zum anderen, „Fast Forward" ist der Titel eines Tanzfilms aus dem Jahr 1985, Regie Sidney Poitier.

Schließlich, unter dem Namen „Fast Forward" bieten mehrere Fahrschulen ihre Dienste an.

Wir sind jedoch shoppen und da passen alle drei Varianten nicht so richtig. Auflösung:

„Fast Forward" ist ein Bekleidungsgeschäft mit den Schwerpunkten Fashion, Streetwear, Shoes, alles im modernen Outfit von lässig bis sexy, für Damen und Herren, passend zu allen Altersgruppen.

So gefertigt, um sich
schnell vorwärts bewegen zu können.

RITUALS

**enjoy the moment
your body,
your soul,
your RITUALS ...**

- ➤ enjoy = genießen
  Den Moment genießen! Aber was genau?
- ➤ deinen Körper, deine Seele, deine Rituale

Kurz um:

Es geht um ...

* Körper- und
  Gesichtspflege,
* Duftkerzen,
* Kleidung,
* Parfüm,
* Tees und
* Edelsteinkosmetik,

alles für das tägliche Ritual.

Inspiriert von der Weisheit und den alten Traditionen
fernöstlicher Kulturen.

MyToys

Endlich eine klare Ansage!

Hier gibt es etwas für unsere Kleinen:

> ➢ *toys = Spielzeug,*
>   *Spielwaren*

> ➢ to toy = spielen,
>   herumspielen
>   auch: to play

SHOEART

Dieser Begriff setzt sich zusammen aus:
- ➤ shoe = Schuh
- ➤ art = Kunst, Fertigkeit, Geschick

Ein Schuhgeschäft, das modische und bequeme Schuhe in hoher Qualität und überzeugender Passform anbietet.

Allerdings findet man diese Wortkombination weder im Oxford Wörterbuch noch im Cambridge Wörterbuch.

Mögliche Deutungen:
- ➤ *Die Kunst am Schuh.*
- ➤ *Der Schuh als Kunst.*
- ➤ *Der Schuh als Kunst-Objekt.*

TONERDUMPING

Erneut sind zwei Wörter zu einem Begriff geworden.

> **toner (engl.)** = Toner (Dt.)
> abgeleitet von: tone = Farbton, Tönung,
> Farbgebung, Schattierung
> Toner sind im Allgemeinen bekannt als
> *Farbmittel* (feine fließfähige Pulverteilchen),
> für das Kopieren und Laserdrucken.

> **dumping** = Unterbietung, Preisunterbietung,
> Entsorgung

Dieses Geschäft bietet eine breite Palette an:

- Toner
- Druckerpatronen
- Druckerzubehör
- Drucker
- Papier
- Bürobedarf
- Schulbedarf.

Aber Achtung, Achtung!
Als Toner werden auch
im Bereich der Kosmetik
pflegende Gesichtswasser bezeichnet.

PARADISE NAILS

> nail = Nagel, nails = Nägel

Im Kontext mit Paradies handelt es sich hier um ein

„Paradiesisches Nagelstudio".

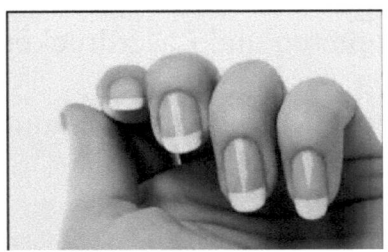

Jedoch, **„paradise"** kann auch Schlaraffenland,
Garten Eden oder Gottesgarten bedeuten.

Das ist ebenso interessant:
> nail ist **auch** der Nagel in der Werkzeugkiste,
aber auf keinen Fall paradiesisch!

> to nail = annageln, nageln; soweit klar!
Achtung: es wird auch vulgär gebraucht!
Soll dann heißen: jdn. nageln, jdn. vögeln.

STREET ONE

Was sagt uns denn dieser Laden-Name?
Die Nummer 1 auf der Straße? Sagt mir nichts.
Dagegen ist z.B. in London die
Haus-Nr. 10 oder die Nr. 221B ein Begriff:

< Downing Street 10
*Wohnsitz des jeweiligen
Premierministers des UK*

Baker Street 221B >
*Hier residierte einst
Sherlock Holmes*

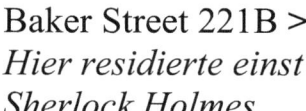

Also: Der Name Street One verrät uns so gut wie
nichts über die Produkte.
Erst ein Blick ins Schaufenster oder ins Internet
bringt Klarheit:

*Street One ist eine
Young-Fashion-Marke für Frauen.
(junge Mode)*

RUNNERS POINT

Der nächste Name verrät uns schon mehr.

- ➢ to run = laufen, rennen
- ➢ runners = Läufer, Laufschuhe
- ➢ point = Punkt, Ort, Stelle

Etwas für Sportler. Der Shop bietet so ziemlich alles, was man zum Laufen benötigt:

Laufschuhe, Bekleidung und Zubehör
für Damen und Herren.

G-STAR **RAW**

Schließen wir hiermit dieses Kapitel ab.
Von Bedeutung ist das Wort **raw.**

> ➢ raw = roh, rau, grob

Gemeint sind
Jeansstoffe, die „raw-gemäß"
behandelt werden, insbesondere durch:

*** Waschungen * Bleichen *Schmirgeln, Bürsten**

und somit eine originelle Optik erhalten.

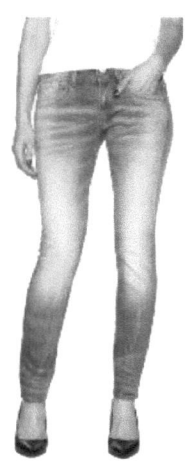

Mit den Jeans erfolgt zugleich die Überleitung zu
den vielfältigen englischen und sonstigen Begriffen
aus der Welt der Mode.

5.
Begriffswirrwarr besonders bei Stilbezeichnungen in der Mode

5.1 Arten von „Wear"
(Kleine Auswahl)

➢ wear = Kleidung
➢ to wear = tragen, anhaben

Club Wear

Ausgehkleidung (Klubs, Disco usw.)
modisch, auffällig, extravagant.

Street Wear

Lässige „Straßenkleidung"

Sports Wear

Sportkleidung

Bike Wear

Fahrradbekleidung

Trekking Wear / Hiking Wear

trekking: mehrtägiges Wandern
hiking: Tageswanderung,
      sportlicher Spaziergang

Wanderkleidung

Body Wear

Unterwäsche
(BE: underwear)
Wörtlich: Körperkleidung

Außer *"wear"* können auch folgende Begriffe „Kleidung" bedeuten:

➢ **dress**

> *(auch: Kleid, Kluft, Dress;*
> *to dress = kleiden, anziehen)*

We love to dress you.
Wir lieben es, Sie einzukleiden.

a dress

➢ **wardrobe**

> *(auch: Kleiderschrank)*

➢ **clothes**

> *(auch: Kleider, Garderobe)*

➢ **clothing**

> *(auch: Bekleidung, Klamotten)*

➢ **outfit**

> *(auch: Ausstattung, Ausrüstung)*

5.2 Verschiedene „Looks "

➢ look = Stil, Aussehen, Optik, Anblick
➢ auch: style (Stil) or fashion (Kleidermode)

Die Verwirrung nimmt zu! Kleine Übersicht:

Athleisure-Look

Boyfriend-Look

Casual-Look

Country-Look

Crinkle-Look

Used-Look

Destroyed-Look

Fade-Out-Look / Bleached-Look

Retro-Look / Revival-Look

Vintage-Look

Runway-Look

Worker-Look

Patch-Look

Push-up-Look

Es folgt der Versuch einer Aufhellung.

Athleisure-Look

- ➤ athletic = athletisch, sportlich; Sport-
- ➤ leisure = Freizeit

Sportlich-athletische Freizeitkleidung

Ein Modestil, der Sport, Büro und Alltag vermischt, wobei die Jogginghose, gut gestylt und aus hochwertigen Materialien hergestellt, eine dominante Rolle spielt.

Boyfriend-Look

➤ boyfriend = Freund, Lover

Kleidermode des Freundes

Die Freundin trägt Kleidungsstücke des Freundes. Zumindest wird der Anschein erweckt, als ob ...

Casual-Look

➢ casual = leger, lässig, salopp

Freizeitkleidung

Country-Look

> country = Land-, ländlich;
> Staat, Land, Gegend

Ländliche Mode

Ein Style, der auch Brit-Style oder "Be British" genannt wird und an die traditionelle sportlich-gepflegte sowie robuste und wetterfeste Bekleidung des englischen Landadels erinnert.

Crinkle-Look

> ➢ to crinkle = knittern, Falten werfen, kräuseln
> ➢ crinkle = Falte

Knitter-Optik

Ein anderer Ausdruck für crinkle ist **crash = zusammendrücken,** Crash-Optik.

Used-Look

> to use = brauchen; used = gebraucht

Gebrauchtes Aussehen

Aus neu wird gebraucht.

Mit Hilfe bestimmter Techniken, wie z.B.

* Waschung,

* Bleichung oder

* Zerstörung,
sollen neue Kleidungsstücke (besonders Jeansstoffe) bewusst gebraucht aussehen.

Der Begriffswirrwarr lässt sich noch steigern.

Je nach Design gibt es den Used Look in mehreren Varianten:

a) Destroyed Look,

b) Fade out Look,

c) Bleached Look

Aber nun der Reihe nach:

a) Destroyed-Look

> ➢ to destroy = zerstören
> ➢ destroyed = zerstört

Zerstörter Anblick

Gemeint sind Löcher, Flicken, Risse im Stoff, um so für einen Blickfang zu sorgen.

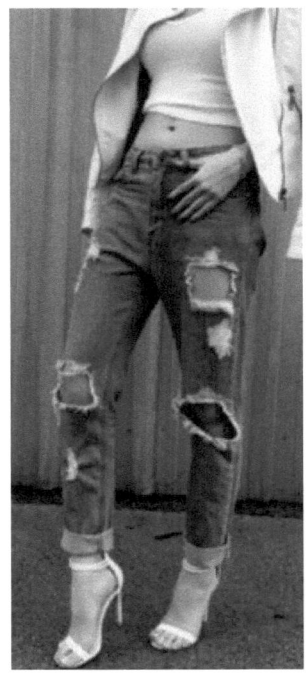

b) Fade-Out-Look

➤ fade out = verblassen, nachlassen,
         sich verfärben

Verblasste Optik

Fade Out bedeutet so viel wie *„ausgewaschen"*.
Das heißt, der Stoff wird vor der Verarbeitung
ausgewaschen, unter Anwendung verschiedener
Waschungsarten. Die Jeans nennt sich dann z.B.:

Stone washed:
Waschvorgang zusammen mit großen Bimssteinen
➤ stone = Stein, steinern

Soft Stone washed:
Waschvorgang zusammen mit kleinen Bimssteinen
➤ soft = mild, sanft, sacht, weich

Rinsed washed:
Nur mit Wasser und Weichspüler bearbeitet
➤ to rinse = spülen, rinsed = gespült

Sand washed:
Waschvorgang mit winzig kleinen Bimssteinen
➤ sand = Sand; sandig; to sand = schmirgeln

Jetzt reicht's aber!

Nur noch einige Beispiele zur Ansicht:

Stone washed

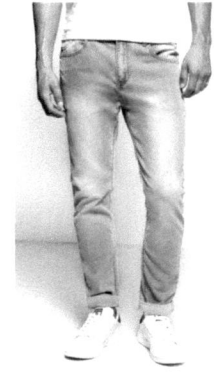

Soft Stone washed

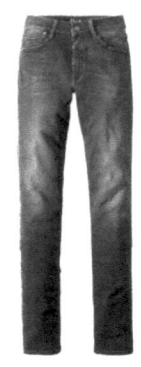

Rinsed washed

Sand washed

c) Bleached-Look

> to bleach = bleichen, entfärben, weiß machen
> bleached = gebleicht

Gebleichte Optik

Durch Einsatz von **Bleichmitteln** wird der Stoff (Denim oder Baumwolle) insgesamt oder nur partiell heller gemacht. Zwei Typen sind besonders beliebt:

Sun-bleached (sun = Sonne)
Dem Anschein nach von der Sonne ausgebleicht.

Insgesamt aufgehellt: *Partiell aufgehellt*:

Sand-bleached
= wie vom Sand
gebleicht

Es gibt *drei weitere Looks*, die miteinander
verwandt sind, da sie entweder alt aussehen oder
tatsächlich alt sind:

Retro-Look, Vintage Look und Revival Look

Retro-Look

> ➢ lat. = rückwärts
> ➢ engl. = Retro-; Nostalgie-

*Modestil,
der an Formen und Farben vergangener
Stilepochen anknüpft. Neues sieht aus wie alt.*

Vintage-Look

➤ vintage = altehrwürdig, erlesen, klassisch
auch: Weinernte, (Wein)Jahrgang,
erlesener Wein

Kleidung,
die aus den 1920er-1980er Jahren stammt

Im Gegensatz zum Retro Look ist Vintage-Kleidung **tatsächlich alt** und in Secondhandläden, auf Flohmärkten oder gar als alte Lagerware zu haben.

Revival-Look

> Wiederbelebung, Neubelebung, Erweckung, Wiederaufnahme, Aufschwung

Im Grunde genommen ist es inhaltlich wie beim Retro Look.

Es handelt sich also um ein Wiederaufflammen einer Modewelle der Vergangenheit, begleitet zum Teil auch von einer Erneuerung des Modestils. So kann man z.B. lesen:

Der Look der 50er Jahre erlebt ein Revival!
Oder: Mode der 60er, 70er usw. Jahre ist zurück

Hier nur 2 Beispiele aus der Zeit der 60er:

Abschließend einige Looks, die gegensätzlicher kaum sein können:

Runway-Look

➢ Runway = Laufsteg (auch: catwalk)
➢ auch: Start-/Landebahn, Rollbahn, Piste
   und auch: Wildwechsel!

Designer-Kleidung

Worker-Look

> to work = arbeiten; worker = Arbeiter

Bekleidung
im Stil von Arbeitsbekleidung

Als Modeerscheinung ist der Worker Look besonders seit den 1980/90er Jahren stark im Trend. Berufsbekleidungsstücke wurden zu modischen Requisiten.

Zuvor waren es die klassischen Jeans als gedachte Arbeitskleidung.

Kurz um: Es geht um Kleidungsstücke, die strapazierfähig und reißfest sind und auch im Alltag getragen werden können.

Patch-Look

- ➤ to patch = etwas einsetzen, flicken,
- ➤ patch = Flicken, Aufnäher

„Flick"-Optik

Aufnäher/Flicken aus Leder, Cord, Samt, Filz, Baumwolle oder auch aus Polyester geben der Kleidung eine sehr individuelle Note.

Push-up Look

- ➢ to push up = etwas hinaufschieben, hochschieben
- ➢ auch: push-up = AE: Liegestütz
  BE: Armbeuge

„Hochschiebe-Effekt"

Bleibt die Frage: Was soll denn hier hochgeschoben werden? Zum Beispiel ...

>> die Lippen
    Lips push-up

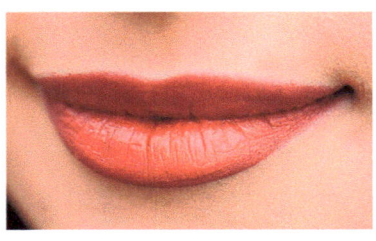

<< der Po
    Bottom-up Jeans

>> die Brust
    Mit dem speziellen
    Push-up bra (BH)

6.
„Figuriges"

Auch hierbei werden deutsche Begriffe durch englische ersetzt. Beim Shoppen bestimmter Dinge muss man die **Passform / den Schnitt** beachten.

> ➢ fit oder fitting = Passform
> ➢ to fit = passen, anpassen, anprobieren
> ➢ fit (Adj.) = passend, geeignet

Regular Fit
„Normale" Passform

Für „normal" gebaute Körperformen:

Slim Fit

➢ slim = schlank, schmal, dünn, mager

➢ auch: to slim = schlank werden, abnehmen, abspecken

Schmale Passform

Custom Fit

➤ custom = kundenspezifisch, maßgeschneidert
   customer = der Kunde

➤ auch: tailored (geschneidert)
      tailor = der Schneider

Kundenspezifische Passform

Skinny Fit

- skinny = hauteng, eng anliegend, auch: dünn, mager, spindeldürr
- skin = Haut
- to skin = häuten
- **Achtung!!** skin *(Slang)* = Kondom

Hautenge Passform

Low Waist Fit

➢ low = niedrig, tief, gering
➢ auch: the low = der Tiefstand, Tiefpunkt
➢ Achtung: to low = muhen, blöken, brüllen
➢ waist = Taille // waisted = tailliert

Passform mit niedriger Taille

High Waist Fit

- ➤ high = hoch, hohe
- ➤ auch: Höhepunkt oder highlight
- ➤ **Achtung**! He is high! = Er ist auf Drogen!

Hoch geschnittene Passform

Oversize Fit

- over = über; Über-
  auch: vorbei (zu Ende), vorüber
- size = Größe, Ausmaß, Abmessung, Format
- to size = ausmessen
  auch: leimen

Passform Übergröße

7.
Kleidungsstücke = Clothing

Animal Print-Kleid

- ➢ to print = drucken, etwas bedrucken (Stoff od. Kleidungsstück)
- ➢ the print = der Druck, Stoffdruck
- ➢ animal print = Tiermotivdruck

Kleid mit Muster aus der Tierwelt
Nur zwei Beispiele:

Leopard Print Dress   **Zebra Print Dress**

Flared Skirt und Flared Trousers

➢ to flare = aufweiten, lodern
➢ flared = aufgeweitet, ausgestellt, glockig
➢ skirt = Rock
➢ trousers = Hose

Glockenrock   *Schlaghose*

Five Pocket-Hose

> pocket = Taschen-

> a pocket = eine Tasche (im Kleidungsstück)

> to pocket = etwas einstecken (in die Tasche)

Eine 5 Taschen-Hose

Hoody oder Hoodie

- hood = Kapuze, Haube, Kappe
  ugs. auch: Ganove, Rowdy, Gangster
- hoody = Kapuzenpulli
- hoodie (sweater) = Kapuzenpullover
- hoodie jacket = Kapuzenjacke
- hoodie shirt = Kapuzen-Shirt
- sweatshirt = Sportpullover

Pullover/Pulli oder Sweatshirt mit Kapuze

Und bei dem Wort *Hood* denkt man natürlich auch
an den lieben König der Diebe: ***Robin Hood***
oder Rotkäppchen: ***Little Red Riding Hood***.

Leggings

➤ leg = Bein

➤ leggings = auch: Beinlinge

Hautenge Damenhosen
(die etwas schickere Strumpfhose
aus dehnbaren Materialien)

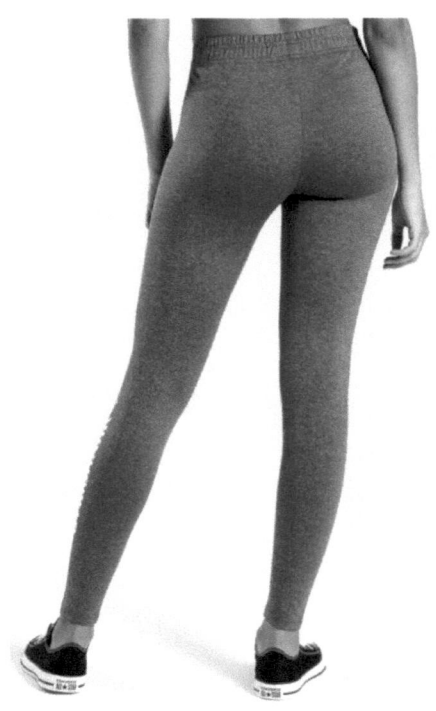

Die Verwirrungen gehen natürlich weiter.
Es folgen einige **_Leggings-Varianten_**.

Jeggings

Jeans + Le**ggings** = Jeggings

Eine Leggings in Jeans-Optik

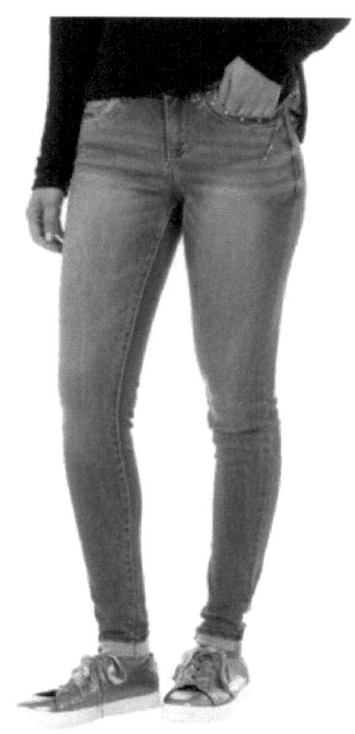

Treggings

➤ Wortkombination aus:
Trousers (Hosen) + **L**eggings

Eine Leggings-Variante aus besonders hochwertigen Materialien

Leather Leggings

➢ leather = Leder

Eine Leggings in Lederoptik

Wetlook Leggings

> wet = nass, feucht, befeuchtet
>> auch: wet = Nässe
>> **ugs**. auch: „Waschlappen" für Feigling,
>> Schwächling

*Leggings, die so wirken, **als wären sie nass,** hervorgerufen durch glänzende Synthetik-Materialien*

Pants

*Ein anderes Wort für **Hose/n***

Aber Achtung, aufgepasst!

Es gibt bedeutende Unterschiede zwischen dem BE und AE:

- ➢ AE: a pair of pants = eine Hose
- ➢ BE: a pair of pants = *eine Unterhose*

Im Wesentlichen meint die Modebrache die Pants im Sinne der AE-Variante.
Beispiele:
Hot Pants   = die Hotpants (extrem kurze Hosen)
Sweat Pants   = die Trainingshose/n
Jogging Pants = die Jogginghose/n
Cargo Pants   = die Cargohose/n
Harem Pants = die Pluderhose/n, Haremshose

Achtung, Achtung: umgangssprachlich (ugs.) gibt es **auch** erhebliche Unterschiede:
BE: pants = auch: Blödsinn, mies, Kack-, scheiße
AE: pants = auch: Büx

Außerdem:
smarty-pants = Schlaumeier, Klugscheißer

Top-aktuell:

Track Pants

- ➢ track = Leichtathletik, Laufbahn
  auch: Spur, Gleis, Pfad
- ➢ to track = ver/folgen, rückverfolgen

Weiterentwickelte Form der Jogginghose

Herren   Damen

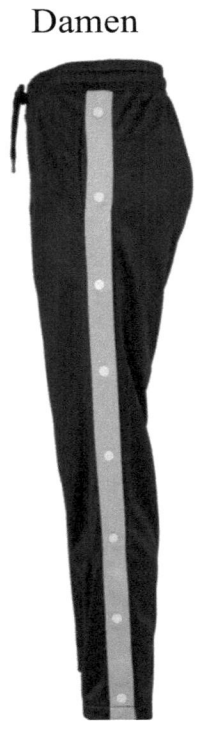

Basic Rock

Und wieder ein Mix aus deutsch und englisch (DE).
Gemeint ist der Rock, das Kleidungsstück.
Doch dieser Rock heißt auf englisch:
> ➢ **skirt**

Es existiert aber auch das englische Wort **rock,** es
hat aber eine ganz andere Bedeutung:
> ➢ rock = der Felsen, Fels, Gestein, Gebirge
> sowie Rock(musik)
> ➢ to rock = schaukeln, schütteln, schwanken
> und rocken (Musik)

Schließlich noch das Wort **basic**:
> ➢ einfach, grundlegend

Daraus folgt:

Basic Rock ist ein

einfacher Rock.

Pullunder

Beliebt und allgemein bekannt:
*Ärmelloser Pullover, getragen
über einem Hemd oder unter einem Jackett*

Auch hier wieder ein verwirrendes „Spiel". Das Wort „Pullunder" ist aus dem Englischen abgeleitet:
 ➢ pull = *ziehen* + under = *unter*
Bezug auf 's Jackett: pull under = zieh (dar)unter. Da der Pullunder auch ohne Jackett, also nur **über** einem Hemd getragen wird, wäre auch diese Ableitung eigentlich denkbar:
 ➢ pull + **over** = pullover: zieh **über**
Das geht aber nun gar nicht, denn das englische Wort ***pullover*** existiert schon. Allerdings in einer anderen Bedeutung, nicht als *zieh über*, sondern
 ➢ a pullover (BE) = ein Pullover (Dt.)

Kurz um: Das Wort Pullunder existiert nicht im Englischen, ist Schein-Englisch (SE). Dem Sinn nach heißt Ärmelloser Pullover im englischen Sprachraum u.a.:

 ➢ sleeveless pullover (BE)
 ➢ sleeveless sweater (AE)

Outdoor Weste

➢ out = außerhalb, hinaus, aus

➢ door = Tür

➢ outdoor = Außen-, im Freien, Straßen-,

Ärmellose Jacke für „draußen"

Blazer

- ➤ to blaze = leuchten, *strahlen*, lodern
- ➤ blaze = Glanze, Glut, *Flamme*, Lichtschein

Sportlich-elegante hüftlange Jacke

Aber wieso Blazer?

Die *flammendroten* Clubjacken des Lady Margaret Ruderklubs vom St John's College der Universität Cambridge standen Pate für die Bezeichnung *Blazer*.

Übrigens: Lady Margaret Beaufort ((1441-1509) war die Mutter von King Henry VII von England und Begründerin des o.g. Colleges.

Die Blazer-Mode ist sehr, sehr vielfältig. Es gibt zahlreiche Variationen, z.B. Bolero-Blazer, Military-Blazer, Business-Blazer usw. usf.

Fancy Dress

Klären wir zunächst die beiden Begriffe:

➢ fancy = modisch, schick, schrill, ausgefallen
    auch: Lust, Laune, Fantasie
➢ a dress = Kleid, Kleidung, Kluft, Tracht

Schrille Kleidung

Hier 3 mögliche Varianten: **Fancy Dress als** ...
a) *Verkleidung* für eine Party, um
    wie eine Person aus der Geschichte
    oder einer Geschichte auszusehen

b) *Maskenkostüm*
c) *Faschingskostüm*

Aber **Achtung**, im Zusammenhang mit *fancy* gibt
es auch folgende Wortgebilde:

➢ fancy man: Liebhaber; auch: Zuhälter
➢ fancy woman: Geliebte; auch: Prostituierte
➢ fancy house = Puff
➢ fancy ideas = Flausen im Kopf
➢ I fancy a beer: ich habe Lust auf ein Bier

Overall und/oder **Jumpsuit?**

Keine Bange, das Verwirrspiel geht weiter!
Schauen wir, wie die Muttersprachler dazu stehen.

> ➢ overall (Adj.) = alles in allem, gesamt,
>   insgesamt, übergreifend
> ➢ an overall = der Overall = einteiliges
>   *Ganzkörper-Kleidungsstück*
> zum Schutz vor Kälte, Hitze, Schmutz, Wind

> ➢ jumpsuit (auch: jump suit) = der Overall
> ➢ jump suit = Jumpsuit/einteiliger Hosenanzug
>   (bezogen auf Fallschirmspringen)
>   *wörtlich: Sprunganzug*;
> jump = Sprung, springen; suit = Anzug

Soweit die englischen Muttersprachler.
Ja, was denn nun?

Historisch betrachtet,
bezieht sich der Begriff
*Jumpsuit auf die
einteilige Uniform*
der Fallschirmjäger
bzw. Fallschirmspringer.

Da diese Kleidung sehr praktisch war, wurde sie später in leicht abgewandelter Form für verschiedene **Berufe** (Maler, Mechaniker usw.) oder für den **Sport** (Fallschirmspringen, Skirennen, Motorsport) unter der Bezeichnung *Overall* hergestellt, um die Kleidung darunter sowie den Körper zu schützen.

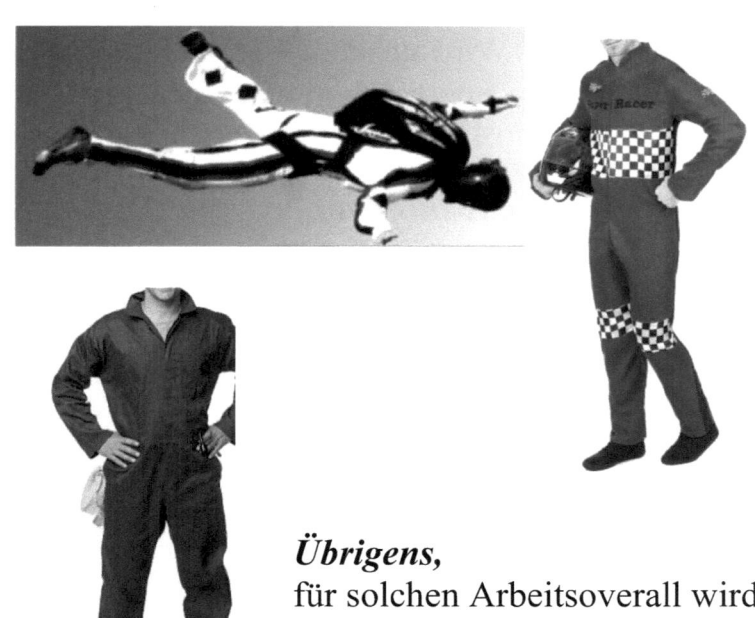

Übrigens,
für solchen Arbeitsoverall wird im Englischen auch der Begriff *boiler suit* verwendet.
Abgeleitet von ***boiler*** = Kessel, Heiztherme. **Aber Vorsicht!**
Boiler wird auch **ugs.** übersetzt mit Suppenhuhn (gastr.) sowie wird als Schimpfwort gebraucht: Schreckschraube, Spinatwachtel, Trine.

Und dann entdeckte die bunte Modewelt diese Kleidung und machte daraus etwas sehr Modernes mit Chic und Pfiff. Eine einheitliche Benennung für diese Kleidung gibt es allerdings nicht. Im Allgemeinen haben sich jedoch heute diese Bezeichnungen durchgesetzt:

OVERALL: Einteiliger Ganzkörperanzug; lässiger, bequemer Sitz; nicht enganliegend, meist weit geschnitten. Wird gehandelt sowohl weiterhin als Berufs- oder Sportbekleidung, aber auch als Freizeitkleidung insbesondere für Damen.

JUMPSUIT: **hoch-modischer** *Einteiler;* in nahezu unendlicher Vielfalt und Variationen. In der Damenmode beliebt als: Hosenanzug, „Hosenkleid", Catsuit, Playsuit usw.

Tanktop

Nehmen wir uns zunächst die beiden englischen Wörter einzeln vor.

- ➢ top = Spitze, Gipfel, Oberseite
- ➢ to top = oben liegen

Bezogen auf Kleidung: *top = das Top*

- ➢ tank (BE) = Tank, Behälter, Wasserbecken; ***und auch:* Panzer**
- ➢ tank (AE) = **ugs.** Knast

Bezogen auf Kleidung: Was hat ein Tank oder gar ein Panzer mit Kleidung zu tun?

Nun gut, es gibt mindestens zwei Deutungen.

1. eine militärische

In der Tat, der Panzer spielt hierbei eine gewisse Rolle. Denn, innerhalb des Panzers war es verdammt heiß und feucht. Oft so stark, dass die Panzersoldaten ihre Uniformjacken ablegten und praktisch im Unterhemd dasaßen. Gewissermaßen saß da jemand im „Tank mit einem Top".

2. eine sportliche

Der englische Begriff *tank* steht ja auch für „Wasserbecken", genauer gesagt: *swimming tank*. Darin trug man einen *tank suit* = Badeanzug. Der obere Teil eines Badeanzuges (top) regte sicherlich die Namensgeber für ein neues Kleidungsstück an.

Hieraus ergeben sich auch
2 englisch-sprachige Versionen:

➢ tank top (BE) = Trägerhemd; auch Pullunder
➢ tank top (AE) = Muskelshirt

Im deutsch-sprachigen Raum wurde daraus:

das Top -
ein Oberteil in jeglicher Art,
ärmellos, T-Shirt-artig

mit Träger   *und*   *ohne Träger*

das Tanktop -

ein turnhemdartiges, ärmelloses Oberteil
mit Achselträgern

Wichtige Kennzeichen:
breite Träger und U-förmiger Ausschnitt
   Und natürlich alles in unendlich vielen Schnitten,
Materialien und Farben! Und Varianten, z.B. auch
diese Form:

Tankini

zweiteilige Badebekleidung
für Frauen, mit langem Oberteil

Eine Wortkombination von Tank + Bikini.

Double-Layer Shirt

- ➤ double = doppelt, zweifach; Doppel-
- ➤ to layer = schichten, schichtweise legen
- ➤ double-layer = Doppelschicht, zweischichtig

Ein zweischichtiges Hemd

Wobei das Wort **shirt** bekanntlich steht für:
Hemd, Oberhemd, Bluse.

Pencil Skirt

- ➢ pencil = Bleistift, Schreibstift

- ➢ skirt = Rock, Damenrock

Ein „Bleistiftrock"

(ein Rock mit einem geraden, schmalen Schnitt,
lang und schlank wie ein Bleistift)

Twinset

- twin = *Zwilling* oder: doppelt, paarig,
  Zwillings-
- set = Zusammenstellung, Satz, Garnitur, Set

*Zwei ähnliche Kleidungstücke
bilden ein Set*

Eine solche Kombination kann z.B. sein:
ein Shirt oder leichter Pullover und darüber eine
Jacke oder Strickjacke. Und das meist aus gleichem
Material, in gleicher Farbe und oft im selben Muster.

Hier ein Beispiel:

Cut-Out's

- ➤ to cut = schneiden,
  auch: (Schule)schwänzen
- ➤ a cut = Schnitt, Zuschnitt, Ausschnitt
  auch: Schnittwunde, Platzwunde
- ➤ out = aus, heraus, hinaus
- ➤ to cut out = etwas (her)ausschneiden

Letzteres gab den Ausschlag für ...

Kleidung mit
„herausgeschnittenen" Stücken

Flanking

➢ flanking = flankierend, benachbart, angrenzend
Was hat das mit Kleidung zu tun? Offenbar nichts!
Aber, es gibt wieder einmal ein Wortspiel:
    ➢ flashing = blinkend, aufleuchtend *sowie*
    ➢ ankle = Knöchel, Fußgelenk

Lösung des Puzzles: **fl + ank + *ing* = flanking**
Dieser Begriff meint ...

Knöchelfreie Hose

„Aufblitzende" Knöchel als Blickfang.

GOTS-Kleidung

Diese 4 Buchstaben stehen für 4 Wörter:

➤ **G** für **g**lobal = weltweit, weltumspannend

➤ **O** für **o**rganic = biologisch, Bio-

➤ **T** für **t**extile = textil, Textil-

➤ **S** für **s**tandard = Standard, Norm, Maßstab

Global Organic Textile Standard

Es ist ein **Textil-Siegel**
für ein **weltweit** angewendeter Standard
für die Verarbeitung von Textilien
aus **biologisch** erzeugten **Naturfasern,**
(z.B. Baumwolle, Seide oder Wolle).

Verschiedene internationale Organisationen aus Deutschland, England, Japan, den USA und anderen haben sich zusammengetan, um dieses Siegel zu entwickeln, das die gesamte Produktionskette von Öko-Kleidung berücksichtigt, von der Rohstoffgewinnung bis zu den Arbeitsbedingungen auch während der Verarbeitung oder die Lagerung.

Zwei Beispiele zur Veranschaulichung folgen:

a) **Organic Cotton Wool Sweatshirt**

- ➢ sweatshirt = Pullover
- ➢ wool = Wolle
- ➢ cotton wool = Rohbaumwolle
- ➢ cotton = Baumwollgarn

Pullover aus Bio-Baumwolle

b) Pure Silk:
Organic Silk Shirt

➢ pure = rein, echt, pur

➢ silk = Seide, Seidenstoff; Seiden-

Reine Seide:
Bio-Seidenhemd

For men

For women

95

Nude Cardigan

> nude = nackt, Akt, die Nackte, der Nackte
> Keine Angst, wir bleiben angezogen.
> Dennoch, Vorsicht beim Gebrauch dieses
> Wortes.

> **nute** bedeutet in der Mode: **hautfarben** und
> meint damit die verschiedenen menschlichen
> Hauttöne. Nude-Töne können sowohl hell als
> auch eher dunkel sein und auch einen
> pfirsich- oder rosafarbenen Unterton haben.

Und schließlich: ein **cardigan** ist eine Strickjacke.
Daraus folgt:

Hautfarbene Strickjacke

8.
Schuhe = Shoes

Auch bei diesen Produkten geht es munter weiter mit zum Teil irreführenden Begriffen.

Sneakers

Abgeleitet aus dem Englischen:

> to sneak = schleichen, kriechen
> > **ugs**. auch: petzen, stibitzen/mausen
> a sneak = Schleicher, Kriecher
> > **ugs**. auch: Petze/r, Duckmäuser

In der Schuhbranche wurde daraus
> Sneaker bzw. Sneakers (pl.)

Es ist AE u. bedeutet
> *Freizeitschuh/e,* Turnschuh/e
> > **ugs**. auch: Leisetreter, Schleicher

Und natürlich gibt es diese in verschiedenen Varianten:

Sneakers Low *(flach)*   **Sneakers High** *(hoch)*

sowie **Slip-On-Sneakers** *(hineinschlüpfen)*
> siehe dazu weiter unten bei Slipper

Boot

Boot? Bin ich hier im falschen Film? Bei diesem Wort kommen einem mehre Deutungen in den Sinn. Okay, wir sind ja im Schuhladen, also fangen wir damit an:

➢ boot = *der Stiefel*

Und diesen gibt es wieder in unzähligen Varianten.
Hier nur 2 Beispiele:

So weit, so gut. Boot *(bu:t)* kann **auch** bedeuten:
➢ Kofferraum, Gepäckraum
➢ als Slang: Schreckschraube
➢ boot (AE) = Parkkralle

Und **boots** ist zum einen die *Mehrzahlform* von Stiefel und zum anderen eine veraltete Bezeichnung für *Hausbursche.* In Zusammengesetzter Form kann es gar *Speichellecker* heißen: boots licker.

Und schließlich, eine Verwechslung mit dem dt. Wort *Boot (Wasserfahrzeug)* ist allemal möglich. Dieses heißt jedoch **boat** im Englischen.

Clog

Klingt ein bisschen nach *clock,* die Wanduhr.
Ist aber ein Irrtum.

> ➤ clog = *Pantoffel, Holzschuh*

Bei Clogs handelt es sich um pantoffelähnliche Damenschuhe oder Herrenschuhe mit einer festen Sohle, meist aus Holz. Häufig sind sie auch aus Kunststoffmaterialien gefertigt.
  Der Clog wird z.B. von Medizinern, Pflege- und Küchenpersonal als Arbeitsschuh getragen.

Info:
> ➤ to clog = behindern, hemmen, verstopfen
> ➤ a clog kann auch bedeuten: Fessel, Klotz, Holzklotz, Last, Hemmnis

Interessante Kombinationen:
> ➤ clog dance = Holzschuhtanz
> ➤ to clog a horse = ein Pferd fesseln
> ➤ to clog a road = eine Straße versperren

Pump

Auch hier sind Unterschiede zwischen BE und AE kennzeichnend.

> ➢ BE: pump *(pamp)* = Turnschuh, Ballettschuh
> und auch: die Pumpe
> * die Pluralform mit dem typischen „s"
> ➢ AE: pumps = Pumps *(pömps)*

Und das ist auch die Bezeichnung für die Art Schuhe, um die es hier geht:

Pumps –
weit ausgeschnittene Damenschuhe
mit bequemen Block- oder Pfennigabsätzen mit einer maximalen Höhe bis ca. 9 cm.

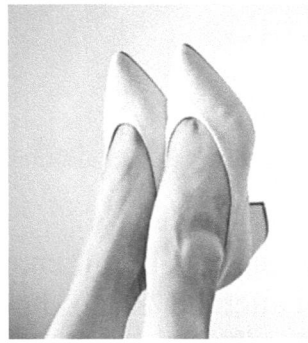

Und das gibt es auch noch:

> ➢ to pump = pumpen
> ➢ he pumped him = er quetschte ihn aus (ugs.)
> ➢ they pumped us up = sie brachten uns in
> Stimmung (AE ugs.)

High Heels

Schon das Wort **high** verrät uns, es geht in die Höhe. Allgemein bekannt sind diese Damenschuhe als

hohe Hackenschuhe
(Absatzhöhe 10 – 13 cm),
auch *Stöckelschuhe* genannt.

Die Mehrdeutigkeit englischer Wörter schlägt wieder mal voll zu. So ist es ratsam, darauf zu achten, in welchem Zusammenhang man das Wort *heel* verwendet.

Denn *heel* bedeutet nicht nur Ferse, Hacke oder Schuhabsatz, sondern auch:

> ➢ **ugs**. = Schurke, Schuft
> ➢ Heel! = Bei Fuß! *(Hundebefehl)*
> ➢ heel (AE) = Knast *(mächtig Hunger haben)*
> ➢ to heel (AE ugs.) = flitzen
> ➢ back-heel = Hackentrick (Fußball)

Skyscraper

Skyscraper???

Gibt es hier etwa geeignete Schuhe, um erfolgreich am Hochhaus-Treppenlauf teilzunehmen?

Denn skyscraper bedeutet im Englischen ***Wolkenkratzer bzw. Hochhaus*** (extrem hoch).

Weit gefehlt!

Aber das Wort skyscraper stand sicherlich Pate für die Bezeichnung eines besonderen Schuhs.

In der Schuhbranche gilt:

Skyscraper-Schuhe sind

High Heels mit extrem hohem Absatz
von mindesten 14 cm!

Man ist also den Wolken ein Stück näher.

Peep-Toes

Die *zwei* englischen Begriffe peep und toe stehen für *eine* besondere Schuhart:

➤ to peep = lugen, gucken (ugs.), linsen (ugs.),
   auch: piepsen, quieken; heimlich gucken
   a peep = ein kurzer Blick,
   auch: ein verstohlener Blick oder ein Pieps
➤ toe = Fußzehe, Zeh/e

Ich denke, es wird schon deutlich, dass es **nicht** um Piepsen oder verstohlene Blicke geht.
Die Kombination **peep-toe** steht für **zehenfrei.**
Gemeint sind also

Schuhe mit freien Zehen.

Normalerweise sind das die Pumps mit einer offenen Zehenpartie.

Darüber hinaus gibt es verschiedene Modelle, z.B.:
Peep-Toe-Boots *(Stiefel mit Zehenloch)* oder
Peep-Toe-Stiefeletten. Am Rande noch das:

➤ to toe in = X-Beine haben
➤ to toe out = O-Beine haben
➤ toe dipper = **ugs.** Warmduscher, Weichei

Overkneestiefel

Und wieder eine Wortschöpfung in Denglisch.
Der Vorteil, man braucht wahrscheinlich kein Wörterbuch, um den Sinn zu erfassen. Das erste Wort in diesem Mix ist allgemein bekannt (*over*). Das zweite kann man eventuell erraten:

(knee = das Knie).
Und so wird ein Schuh
(bzw. Stiefel) draus:

*übers Knie
gehende Stiefel*

Vielleicht noch 2 Tipps.
1. Viele englische Wörter, die mit **kn** ... beginnen, werden **ohne** das **k** gesprochen.
   Also knee = sprich *ni: (oder nie)*.
   Weitere Beispiele: das Messer: knife = *naif*
   wissen, kennen: know = *nou*
2. **Achtung:** knee in Zusammensetzung:
   ➢ knee-walking drunk (AE ugs.) = stockbesoffen
   ➢ knee-slapper (AE ugs.) = Witz zum Totlachen
   ➢ knee-slapper (BE ugs.) = Schenkelklopfer

Slingbacks
(Schein-Englisch)

Und wieder will man uns verwirren, denn es schwirren verschiedene Begriffe umher. Eine einheitliche Übersetzung nicht auffindbar. Halten wir uns daher an die Wortkombination sling+back:

> ➢ sling = Riemen, Schlinge, auch: Schleuder
> ➢ back = hinten (Adv.), rückseitig (Adj.)
>   bzw. Rücken, Rückseite, Hinterteil

Im Kontext mit Schuhen wird es schon deutlicher, was die Schumacher meinen. Slingbacks sind ...

fersenfreie Schuhe
mit einer Schlinge (Riemchen)
immer an der hinteren Seite des Schuhs, also am Knöchel.

Das englische **back** steht z.B. auch für solche Wendungen:

> ➢ Back off! = Verschwinde!
> ➢ piggy-back = huckepack
> ➢ to back down (ugs.) = kneifen; einen
>   Rückzieher machen

Wedges

Es geht munter weiter:
Gibt's hier Schuhe oder Kartoffelspalten, oder was?
Versuchen wir es aufzuklären:
- ➤ to wedge = festklemmen, verkeilen
- ➤ a wedge = Keil u.a.m.

Angewandt auf Schuhe ergibt folgendes Bild:

Fazit:
Wedges sind also
*Schuhe mit einem
keilförmigen Absatz*

Und wieso Kartoffelspalten?
Ganz einfach, weil im Englischen das Wort wedges
auch mit Kartoffelspalten übersetzt werden kann.

Es gibt aber noch weitere Übersetzungen: **wedge =**
- ➤ Kuchenstück (keilförmiges)
- ➤ Golfschläger (keilförmige Schlagfläche)
- ➤ Schneepflug (beim Skifahren)
- ➤ Knete (ugs. für Geld)
- ➤ !!! (vulgär): Ritze (Vagina)

Slipper oder Loafer?

Das ist hier die Frage. Allerdings, unterschiedliche Auffassungen begegnen uns Kunden allerorten. Ziehen wir wieder die englischen Vokabeln zurate:

➤ a slip = ein Zettel, Beleg/Kassenzettel
   aber auch: Unterrock, Unterhose (Männer)

Okay, passt nicht zum Thema Schuhe. Weiter geht's:

➤ to slip = schlüpfen (hinein), schlupfen

➤ slipper =Hausschuh/Latschen, Straßenslipper

Das passt schon besser. Warum die Briten zu allererst Hausschuhe usw. darunter verstehen, hat sicher historische Gründe. Es war Prinz Albert von Sachsen-Coburg (1819-1861), Ehemann der damaligen britischen Königin Victoria (1819-1901), der den Palast immer sauber halten wollte und daher besondere Hausschuhe anfertigen ließ, in die er schnell und einfach hineinschlüpfen konnte. Hieraus entstanden später die Straßenschuhe, die wie als **Slipper** kennen, mit diesen Merkmalen:

* es sind flache, sportliche Schlupfschuhe, also

Schuhe zum Hineinschlüpfen

* sie haben einen maximal halbhohen Schaft.

Slipper gibt es für Damen und Herren und können vielfältigen Formen haben: ohne oder mit flachem Absatz, klassisch, sportlich, Plateau-, Business- usw. ebenso als Hausschuhvariante oder Latschenslipper, auch ***Prince Albert Slipper*** genannt.

Kommen wir zum **Loafer.**

Das Englisch-Wörterbuch gibt Auskunft:

> ➢ loafer = Slipper; auch: Faulenzer, Gammler

Bleiben wir bei den Schuhen. Die Experten sagen:

Loafer ist eine *spezielle Form des Slippers,* elegant, meist aus Leder, mit fester Sohle und stets mit einem kleinen Absatz. Das bekannteste und älteste Modell ist der **Penny-Loafer, auch Collegeschuh** genannt.

Warum? Ab ca. 1930 war dieser Schuh ein Teil der Schuluniformen an den Elite-Colleges in den USA. Die Studenten steckten vor den Klausuren *Pennys* als Glücksbringer in den Lederfalz auf dem Rist.

Und hier noch 2 Beispiele:

Slipper

Penny-Loafer

Flip-Flop

Etwa ein Flop bei der Schuhherstellung? Oder ein flippiges Schuhwerk? Gehen wir analytisch wie einst Sherlock Holmes heran.

Nehmen wir uns zunächst das englische **flip** vor:
- flip (Adj.) = leichtfertig, schnoddrig (ugs.)
- to flip: ausflippen, schnipsen, umblättern, (Schalter) kippen
- a flip = Schnipser, Salto, Ruck, Cocktail
- Flip! = Mist!
- he flips him off (AE ugs.) = er zeigt ihm den Stinkefinger

No, hat mit Schuhen nix zu tun!

Weiter mit dem englischen **flop:**
- to flop: versagen, flattern, hinplumpsen, auch = untätig herumhängen (AE)
- a flop = Pleite, Reinfall, Misserfolg, AE auch = Schlafstelle

Wieder nix dabei!

Betrachten wir beide Wörter zusammen:
- to flip-flop = seine Meinung plötzlich ändern
- flip-flopper = Wendehals
- flip-flop = Kippschaltung, Multivibrator sowie Zehenstegsandale (Flip-Flop)

Fazit: Kippschaltung und Multivibrator kommen nicht in Frage. Aber die Sandale ist es, was wir suchen! Hurra, doch noch geschafft!

Also, *Flipflops sind Zehenstegsandalen*, bestehend aus Kunststoff und mit einem seitlichen Riemen versehen. **Achtung:** in der Jugendsprache scherzhaft auch ***Zehentanga*** genannt.

Bleibt die Frage: ***Warum*** heißen diese Badelatschen nun Flipflop? Genaues weiß man nicht.
Es wird aber vermutet, dass es mit dem Geräusch zu tun hat, das sie beim Gehen bzw. Herumlatschen machen, wenn die Kunststoffsohle auf den Boden klatscht und zurück auf die Fußsohle schwappt.
Flip-Flop ist mehr ein lautmalerisches Wortgebilde, ähnlich wie klipp-klapp der bekannten Mühle.
Na ja, so ungefähr.

Abschließend hierzu noch einige interessante Wortverbindungen:

> ➤ hair flip (AE) = Haartolle
> ➤ flip answer = kesse Antwort
> ➤ flip book = Daumenkino
> ➤ cow flop (AE ugs.) = Kuhfladen

Genug mit der „Schuherei". Ein anderes Kapitel:

9.
Taschen = Bags

Shopper

Das englische Wort *shopper* hat im Wesentlichen 2
Bedeutungen, die von **to shop** = *einkaufen*
abgeleitet sind:
> ➢ Einkäufer, Käufer, Kunde
> ➢ Einkaufstasche

In unserem Falle handelt es sich um eine
Einkaufstasche,
meistens beutelförmig mit zwei Trageriemen, gut
geeignet für einen Shoppingbummel.
  Es hängt also wieder davon ab, in welchem
Zusammenhang man dieses Wort gebraucht, ob eine
Person oder ein Gegenstand gemeint ist.

Shoulder-Bag

Eine Tasche, die etwas zu tun hat mit ....

- ➢ to shoulder = etw. schultern

- ➢ a shoulder = Schulter, Achsel

Na klar, das ist die Tasche, die über die Schulter getragen werden kann, auch bekannt als

Schultertasche oder Umhängetasche

Und das gibt es auch noch:
- ➢ (hard) shoulder = Standstreifen (Autobahn)
- ➢ Shoulder arms! = Das Gewehr über!

Tote Bag

Eine Tasche für einen traurigen Anlass?
Nein, wir werden erneut in die Irre geführt!
Denn: diese Bezeichnung kommt aus dem
Amerikanischen Englisch (AE):

> ➤ to tote = schleppen, tragen
> *(tout)*

Die Tote Bag ist demnach eine *Tragetasche*
mit ein oder zwei **kurzen** Henkeln.

Zur Erinnerung:
Das AE *tote* hat mit dem deutschen *tote* nichts
gemein. Ins Britische Englisch (BE) übersetzt:
z. B. tote Tiere = **dead** animals
oder: dead boring (ugs.) = tote Hose *(wegen der*
Langenweile)

Messenger Bag

Da fällt uns bestimmt das hier ein:
  ➢ a message = eine Nachricht / Botschaft
Darauf aufbauend kommt man sicherlich auf eine Person, die Nachrichten/Botschaften überbringt.
  ➢ messenger = Bote, Kurier
Hilfreich ist auch ein kurzer Blick in die Historie:
Schon vor langer, langer Zeit nutzten Kuriere/Boten Umhängetaschen, um Nachrichten und Gegenstände zu transportieren, zu Fuß von Dorf zu Dorf, per Pferd oder Fahrrad. Entscheidend war, dass die Tasche ausreichend Platz für die Botschaften hatte.
Daraus ergibt sich der Name: **Kuriertasche**.

In der heutigen Zeit steht Messenger Bag für eine
robuste u. stilvolle Herren-Umhängetasche.

Buckle Bag

Wieder einmal haben wir es mit Schein-Englisch (SE) zu tun. Zwar klingen die Wörter **buckle** *(backl)* und **bag** englisch, da sie tatsächlich existieren, doch die Zusammensetzung **buckle bag** ist in keinem Englischwörterbuch zu finden. So auch keine deutsche Übersetzung. Dennoch ist der Begriff in der Taschenbranche geläufig und wird mehr oder weniger umschrieben. Blick ins Wörterbuch:

> ➢ buckle = Schnalle, Spange

Eine Übersetzung mit Schnallentasche trifft m.E. nicht den Kern.
Schauen wir uns ein Buckle Bag-Modell näher an:

Kennzeichnend ist der ***Schnallenverschluss***, ähnlich einer Gürtelschnalle **(belt buckle***)*. Daher wäre folgende Bezeichnung zutreffender:

Tasche mit Schnallenverschluss

Hobo Bag

Wer oder was ist denn ein Hobo?

Jetzt wird es amerikanisch, ein kurzer Blick in die US-amerikanischen Geschichte gibt Klarheit:

Ein Hobo ist ein **heimatloser Wanderarbeiter** *(manchmal auch Vagabund oder Penner genannt),* der auf Güterzügen durchs Land reist, um sich hier und dort mit kleineren Tätigkeiten etwas Geld zu verdienen. Über der Schulter einen Stock tragend, an dem ein kleiner Wanderbündel mit Sachen für unterwegs hängt. Weit verbreitet besonders im 19./20. Jahrhundert, inzwischen sind es nur noch wenige.

> ➢ hobo (AE) = Wanderarbeiter, Landstreicher
>
> ➢ hobo bag = *Hobo-Tasche oder Bündel*

Übrigens, der Schriftsteller **Jack London** *(1876-1916. „Ruf der Wildnis"/„Wolfsblut"/„Der Seewolf")* war als junger Bursche auch ein Hobo, der 1893/1894 Teile der USA und Kanadas bereiste.

Und so sieht z.B. die meist *sichelförmige Hobo-Tasche* mit einem einzigen Schulterriemen **heute** aus.

Fehlt nur noch der Stock.

Clutch Bag

Oft hört man: Ein elegantes Abendkleid ist ohne den schicken Begleiter unvorstellbar. Gemeint ist hier nicht der Mann, sondern eine Clutch.
Eine Clutch?

> ➢ to clutch = ergreifen, umklammern, festhalten
> a clutch = Griff, Kralle, Umklammerung

Die Kombination **clutch bag** ergibt dann:

Unterarmtasche
„Greiftasche"

Also ein kleines Handtäschchen ohne Henkel, das lediglich von der Hand umfasst wird.

Auch bei dem Wort clutch ist **Vorsicht** geboten, denn es kann auch bedeuten:
Vogelgelege (bird clutch) oder Kupplung (Auto) oder Haufen (ugs.)

Wrist Bag

Ein klarer Fall:

> ➢ wrist *(rist)* = Handgelenk

Folglich ist die Wrist Bag eine

Handgelenktasche

Hier die Ansicht einer Herrenhandtasche.
Kennzeichnend ist eine kleine Schlaufe, durch die man greift, um die Tasche zu tragen. Bequem, praktisch.

Fakultativ noch dies:
> ➢ wrist drop = Kusshand
> ➢ wrist watch = Armbanduhr

Weekender

Sprachlich betrachtet hat das englische Wort weekender eine Zweifachbedeutung.

Zum einen:
> ➢ weekender = der Wochenendausflügler
> abgeleitet von weekend = Wochenende

Zum anderen, da es um Taschen geht:
> ➢ weekender *(ugs.)* = weekender bag

Und damit ist gemeint:

kleine Reisetasche für ein Wochenende

It-Bag

Eine Es-Tasche???
> it = **es**

Oder ein Computer-Beutel für IT?

Weder noch! Ein Blick in die Historie gibt vielleicht Aufklärung. Hollywood präsentierte im Jahre 1927 einen Stummfilm mit dem Titel „It" nach dem gleichnamigen Roman der britischen Schriftstellerin Elinor Glyn (1864 - 1943). Im Mittelpunkt stand eine bildhübsche Frau, die sich durch Sexappeal und Charisma auszeichnete. Sie hatte **„es", das „gewisse Etwas".** Daher auch der deutsche Titel des Films „Das gewisse Etwas". Hiervon ableitend entstand der Begriff **„It-Girl"** für zumeist eine jüngere Frau, die durch stetige Medienpräsenz auffällt. Seit jüngerer Zeit tritt auch der **It-Boy** in Erscheinung. Und nun kommt's: In Anlehnung daran wurde der Begriff ***„It-Bag"*** geprägt.

Gemeint ist eine

aktuell-modische Handtasche, die ebenfalls das gewisse Etwas hat.

Pouch Bag

Erneut haben wir es mit Schein-Englisch zu tun. Jedes Wort für sich ist zwar englisch, klingt auch so, doch in der Zusammensetzung existiert der Begriff Pouch Bag nicht, auch in einschlägigen Wörterbüchern nicht.

„Sezieren" wir wieder das Wortgebilde:
- ➢ bag = Tasche, Tüte, Beutel, Sack
- ➢ pouch *(pautsch)* = Beutel *(auch bei Beuteltieren),* Sack *(auch Tränensack),* Tasche *(auch bei Hamster oder Pelikan)*

In der Werbung lesen wir neben Pouch Bag gewöhnlich auch *Beuteltasche.*
Im Grunde genommen ist es „doppelt gemoppelt".

Und so sieht sie aus:
(ein Beispiel)

Das englische Wort *pouch* steht u.a. auch für:
- ➢ Bäuchlein *(ugs.)*
- ➢ Vormagen *(bestimmte Abschnitte des Magens der Wiederkäuer bzw. Drüsenmagen der Vögel)*

Abschließend zu diesem Thema noch ganz kurz drei Shopping-Begriffe:

Fake Tasche: *Kunstledertasche*
(Denglisch)

* fake = falsch, künstlich
        auch: Schwindler

Saddie Bag: *Tasche in einer düsteren Farbe*
(Schein-Englisch)

* traurig, schwermütig = sad *(BE)*
        saddie ist Scheinenglisch

Body Bag: *Umhängetasche*
(Schein-Englisch)

Achtung, Achtung:
        BE: body bag = Leichensack!!!

10.
Accessoires

Eyewear

> eye = Auge, Blick
> > auch: Loch (z.B. im Käse)
> > to eye = jdn. /etw. betrachten, beäugen
> to wear = tragen, aufhaben, anhaben
> eyewear = **Brillen** bzw. Kontaktlinsen
> *auch: glasses*

Kurz um: Accessoires, die auf oder über den Augen getragen werden. Beim Shopping geht es also meistens um *modische Brillen.*
Sehr beliebt sind z.B.:

Cateye-Sonnenbrillen
Ein Begriff, der dem Denglischen zuzuordnen ist.

So sieht sie aus, die *Katzenaugen-Sonnenbrille.*
Und diese Wortverbindungen gibt es auch noch:
* Bull's eye! = Volltreffer! (ugs.), auch Bullauge
* My eye! = Von wegen! (ugs.)
* eye-ball = Augapfel
* fish-eye = Türspion
* private eye = Schnüffler, Privatdetektiv (ugs.)
* weather eye = achtsames Auge

Caps and Hats

Jetzt dreht sich alles um die Kopfbedeckung, um

Mützen und Hüte.

Soweit, so gut. Kompliziert wird es dann, wenn spezielle Modelle gemeint sind und diese dann erneut Schein-Englisch sind.

Nur 3 Beispiele:

Beispiel 1: Crest Plaid Cap

➢ crest = Gipfel, Kuppe, Scheitel, Schopf; Emblem, Helmzier (Helmschmuck)

➢ plaid = kariert, Karo-; Schottenstoff

Ergo:
ein Typ Basecap
im Karomuster/Schottenstoff
plus Emblem.

Beispiel 2: Bucket Hat

➢ bucket *(backet)* = Eimer, Kübel

Und was hat das mit einer Kopfbedeckung zu tun?

Bucket Hat wörtlich zu übersetzen macht keinen Sinn. Eimer-Hut – ist Quatsch!

Mit ein bisschen Fantasie erkennt man vielleicht einen *„umgedrehten Eimer"*. Vielleicht!

Kurz um: Bucket Hat steht beim Shopping für

Fischerhut

Eine Kopfbedeckung, die in den 90erJahren besonders bei Anglern beliebt war und gegenwärtig zum Street Look gehört.

Beispiel 3: Straw Bucket Hat

Auch dieser Hut ist ähnlich gelagert wie der vorherige. Das *bucket* bezieht sich wieder auf einen „eimerförmigen" oder „kübelförmigen" Hut.

Lässt man das Wort bucket weg, wird die Bedeutung schon deutlicher, denn ...
  ➢ straw = bedeutet Stroh.

Gemeint ist also ein
Strohhut,
der die oben beschriebene Form hat.
Einige Anbieter nennen den Hut auch einfach
Straw Hat, was völlig ausreichend ist.

Abschließend eine **interessante Redewendung**, den **hat** betreffend, *umgangssprachlich*:

„I'll eat my hat if ..."

(Na dann, guten Appetit, möchte man fast sagen)
Denn, es bedeutet so viel wie:
„Ich fresse einen Besen, wenn ..."

Belts

Wird es jetzt geografisch? Aus der Geographie kennen wir z.B.:

Großer Belt = Meeresstraße zwischen den
dänischen Inseln Fünen und Seeland oder

Sun Belt = Gebiete südlich des 37. Breitengrades der
USA (z.B. Kalifornien, die Südstaaten, Florida).

Denn das englische **belt** steht für Zone bzw. Landesstreifen.

Da wir aber bei Accessoires sind, muss es noch eine andere Bedeutung haben. Genau:

> *belt = Gürtel, Gurt*, auch: Koppel (milit.)

So gibt es beispielsweise einen **Loop Belt-Gürtel**
> loop = Schlinge, Schlaufe, Schleife
> belt loop = Gürtelschlaufe

Somit handelt es sich hier um einen
Gürtel, der durch die Schlaufen der Hose gezogen wird

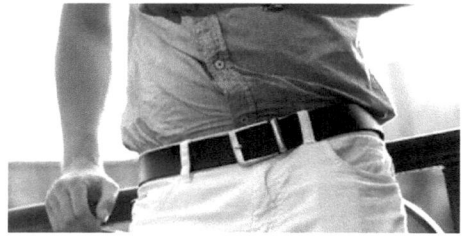

Es ist noch steigerungsfähig:

Flag Loop Belt-Gürtel

Wie man sieht, ein
Gürtel mit Flaggensymbolen
oder mit einem Label-Detail.

Bezogen auf **belt** noch einige Phrases:
- ➢ Belt up! (ugs.) = Halt die Klappe!
- ➢ I belt you one (ugs.) = ich knall dir eine
- ➢ he belted him (ugs.) = er versohlte ihn
  (prügelte ihn) mit einem Riemen
- ➢ to belt out = laut singen (schmettern)

Hinweis:
Loop Belt ist im deutschen Sprachgebrauch *auch*
ein Schlaufengurt für Kleinkinder in Flugzeugen.

Purse oder Wallet

Beide Begriffe werden sehr unterschiedlich gebraucht. Hier vereinfacht und verständlich dargestellt: Man versteht im Allgemeinen unter **Purse** eine vorwiegend von

Frauen getragene Geldbörse/Geldtasche

Beispiele:
Die Purse als ...

... Clutch

... Umhängetasche

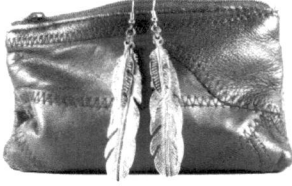

... IT-Bag

Und wofür steht **Wallet?**
*Es steht für Brieftasche oder Portemonnaie,
getragen vorwiegend von Männern*

Auch hierfür einige Beispiele:

Wallet = Brieftasche

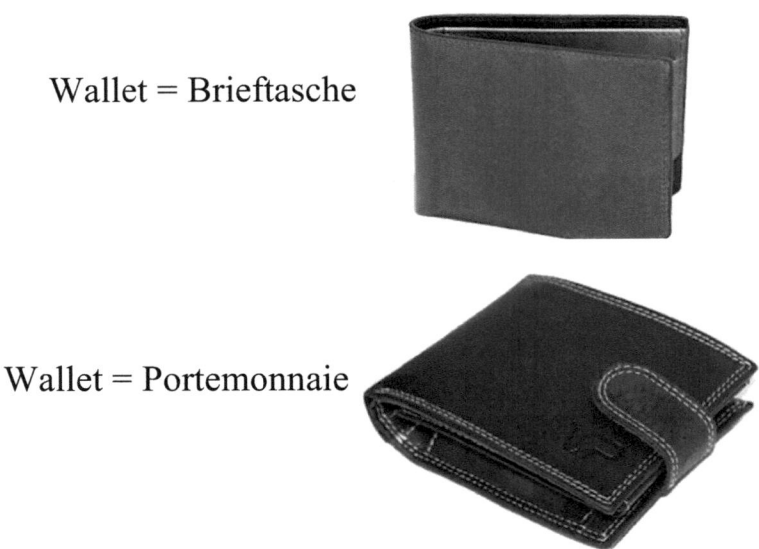

Wallet = Portemonnaie

Und dann gibt es noch unzählige Varianten, z.B.:
* Thread Wallet: Brieftasche/Kreditkartenhalter aus
   strapazierfähigen, eng gestrickten Materialien
   thread = Faden, Garn
* Slim Wallet: Superschmales Portemonnaie
* Twinwallet: Brieftasche mit Doppelfach für
   Karten und Scheine, twin = Zwilling, doppelt
* Leather Wallet: Leder-Brieftasche
* Wallet Studs: Brieftasche m. Zierknöpfen, Nieten
   stud = Knopf, Niete; auch: Hengst

Necklace

Jetzt wird's neckisch, nein, eher schnucklig!

- ➤ neck = Hals
  auch: to neck (ugs.) = knutschen, schmusen
- ➤ lace = Schnur, Schnürband

Alles klar, oder? Das Schnucklige ist hier eine

Halskette

Spannend wird es wie immer bei einzelnen Modellen. Nur 3 Beispiele:

1. Heart Necklace = *Halskette mit Herzanhänger*

2. Pearl Necklace = *Perlenkette*

3. Choker Necklace = *enganliegende Halskette*

Wortherkunft: *to choke* = jdn. würgen, erdrosseln!!!

Scarves

Auch das nächste Accessoire zeichnet sich durch eine bunte Vielfalt aus.

- ➢ scarf = Tuch, Schal
  scarves = Pluralform
- ➢ to scarf = mit einem Schal bedecken

Gemeint sind demnach *Tücher bzw. Schals*
Beliebte Modelle sind z.B.:

Neck Scarf = *Halstuch*

Head Scarf = *Kopftuch*

Shoulder Scarf =
Schultertuch

Tube Scarf =
Schlauchschal

Mache Schals werden durch Materialien definiert:
Knit Scarf = Strickschal
Silk Scarf = Seidenschal

Schließlich noch eine völlig andere Bedeutung:
to scarf (AE, ugs.) = *verschlingen (Essen)*
He scarfed 3 hamburgers down. = *Er verputzte ...*

Bands

Bezogen auf Accessoires = *Bänder*

Zwei Beispiele:

Headband =
Stirnband,
Stirnreif

Hairband =
Haarband

Leather Gloves

Das Wort leather kennen wir schon, folgendes noch nicht:

> gloves = **_Handschuhe_**

Folglich sind leather gloves _Lederhandschuhe._

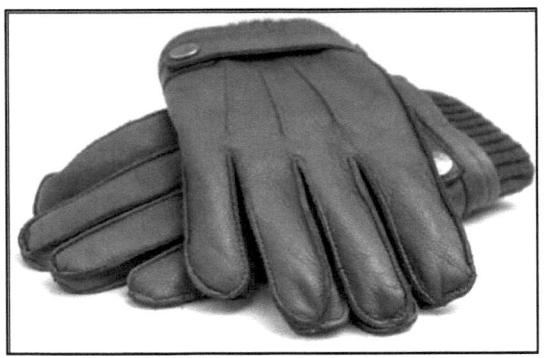

Und auch hier wieder eine unendliche Zahl von Handschuhtypen. Nur einige seien genannt:

* **Cut Resistant Gloves** = Schnittfeste Handschuhe
* **Flap Gloves** = Klappbare Handschuhspitzen
* **Glimmer Gloves** = Schimmernde Handschuhe
* **Studded Gloves** = Nietenhandschuhe
* **Cosy Gloves** = Kuschelige Handschuhe
* **Lined Gloves** = Gefütterte Handschuhe

Umbrella

Dieses Accessoire benötigen wir, wenn es nass oder sehr heiß wird.

Bei Regenwetter: umbrella = *Regenschirm*

So z.B.:

* **Pocket Umbrella** = Taschenschirm
* **Folding Umbrella** = Knirps, der kleine Taschenschirm mit Teleskop-Gestell
* **Trekking Umbrella** *(SE)* = Wanderschirm mit 360° Rundumsicht

Bei Sonnenschein: **Sun Umbrella** = Sonnenschirm

Das Wort **umbrella** ist bezogen auf die Wortart, auf Substantiv oder *auch* auf Adjektiv:

* umbrella *(Adj.)* = **Dach-** *(Verband/Organisation)*
  z.B. umbrella group = Dachorganisation

Key Ring

Ein ziemlich kleines Accessoire, das fast jeder hat.

> ➤ key = ***Schlüssel***
> ➤ ring = ring

Klare Sache:

Schlüsselring oder auch Schlüsselanhänger

Übrigens, das englische **ring** kennen wir auch in einem anderen Kontext.
* **to ring**: jdn. anrufen (Tel.), bzw. klingeln, läuten
* **a ring**: ein Anruf

Smartwatch

Mit **watch**, da war doch mal was? Na klar, **Baywatch** – die Rettungsschwimmer von Malibu! Es wird Zeit, dass wir zum Schluss kommen, bevor wir ganz durchdrehen. Zuvor jedoch noch einen kurzen und zeitgemäßen Blick auf das o.g. Produkt:

> ➤ smart = *intelligent,* klug, auch: elegant, schick
> ➤ to watch = beobachten, gucken (TV), ansehen
> ➤ a watch = eine Armbanduhr, auch: Wache
>   Nicht verwechseln mit *clock* (Wanduhr, Standuhr, Tacho usw.)

Eine

Smartwatch

ist eine

intelligente, digitale Armbanduhr

u.a. mit diesen Funktionen: Schrittzähler, GPS, Herzfrequenzmessung

Abschließend noch zwei Ergänzungen:
* **smart-looking**: flott aussehend
* **smart alec** *(ugs.)*: Klugscheißer!!!

139

11.
Fast *geschafft* – mit Fast *Food*

Shoppen gehen kann anstrengend sein: Drum gehen wir mal kurz in ein Fast-Food-Restaurant. Bevor es nach Hause geht genehmigen wir uns noch eine kleine Stärkung.

Mal sehen, ob es hier auch etwas weniger kalorienhaltiges gibt. Tatsächlich:

➢ Salad have it your way
  Salat nach Ihren Wünschen

➢ Big Vegan
  Gebratenes aus Soja- und Weizeneiweiß

➢ Veganburger
  Aus Tomaten
  und Salat

➢ Onion Rings
  * onion = Zwiebel
  Zwiebelringe mit goldgelber Panade

➢ Veggie Cheese
  * cheese = Käse
  Ein vegetarischer Burger mit Käse, Salat, Tomate und Salatmayo

Vielleicht noch andere Cheese-Köstlichkeiten?

➢ Mozzarella Sticks
  * sticks = kleine dünne Stangen, Stäbchen
  Mozzarella Käse mit Panade

➢ Cheese Fries
  * fries *(AE)* = Pommes
  Pommes (frites) mit Käse überzogen

➢ Cheese Nuggets
  * nugget = Goldklumpen, Kleinod,
    kleines Stückchen
  Käsestückchen
        knusprig
        überbacken

Und Eier? Na klar:
➢ Eggs & Bacon
  * egg = Ei
      Achtung: bad egg (ugs.) = Blödmann!!
  * bacon = Schinkenspeck
  Kräftiges Frühstück: Rührei oder
              Ei-Omelett mit Schinken
Und wahlweise dazu verschiedene Dips
➢ dip = *Soße, Tunke*   **ugs**. auch = Depp!!
  z.B. feurig (mit Chili) oder sweet (süß) oder
      sour (sauer)

Oder doch lieber Fleisch?
Natürlich mit Dips.

- ➢ BBQ Beef Wrap
  * BBQ = Abk. für Barbecue (Grillen)
  * beef = Rindfleisch
  * wrap = Wickel, etwas umwickeln,
  Ein mit gegrilltem Rindfleisch, Röstzwiebeln und Salat gefülltes Omelett

- ➢ Crispy Chicken Wrap
  * crispy = knusprig, kross
  * chicken = Hähnchen/Hühnchen
    auch: **ugs.** Schisser!!
    Wrap gefüllt mit Hühnchen- oder Hähnchenfleisch plus Zutaten

- ➢ Chicken Wings
  * wings = Flügel
  Knusprige Hähnchenflügel

- ➢ WHOPPER
  * whopper (ugs.) = Riesending, Mordsding
  Ein Riesenburger bestehend aus gegrilltem Beef und frischen Zutaten

Und hinterher etwas Süßes

- Mini Pancakes
  * pan = Pfanne   * cake = Kuchen
  Mini Pancakes: Kleine Eierkuchen
  Achtung: pancake landing = Bauchlandung

- Apple Pie
  * pie = Torte/Kuchen/Pastete * apple = Apfel
  Ein Stück Apfelkuchen

- Sundae Chocolate
  * sundae = *Eisbecher* mit Softeis und ...

- Strawberry Crunch
  * crunch = knuspern, knabbern,
    zermalmen
  * strawberry = Erdbeere
  *Softeis mit Erdbeeren
  und knusprigen
  Beilagen (Crunchies)*

- Iced Fruit Smoothie
  * iced = eisgekühlt, * fruit = Obst, Früchte
  * smooth = süffig, sämig, weich, mild
  * smoothie = *cremiges Getränk aus Obst und
              Milch oder Eis*
  ugs. auch: Lackaffe, aalglatter Bursche

Good shopping for you. Tschüss. Bye-bye.